D1015886

DATE DUE

Maravillas de la naturaleza
Los desiertos

Dana Meachen Rau

Marshall Cavendish
Benchmark
New York

2

A algunas personas no les gusta la lluvia. Siempre quieren ver el sol. Podrían ir a visitar un desierto.

En el desierto, el sol se ve con frecuencia en el cielo.

En algunos desiertos hay mucha arena. El viento sopla la arena y forma *dunas*.

El desierto del Sahara es un desierto de arena. También es el desierto más grande del mundo. Ocupa la tercera parte de África.

La mayoría de los desiertos son rocosos.

En algunos puede haber colinas o montañas. En otros hay montañas de cimas planas llamadas *mesetas*.

8

Los desiertos reciben menos de diez pulgadas de lluvia por año. La lluvia de una tormenta puede caer con demasiada rapidez. El agua no tiene tiempo de penetrar en el suelo.

Se seca rápidamente bajo los rayos del sol.

La mayoría de las plantas y los animales necesitan agua para vivir. En el desierto, aunque es árido, hay muchos seres vivos.

Las plantas y los animales se han *adaptado* a la vida del árido desierto.

Las plantas del desierto producen semillas.

Estas semillas se caen y esperan a que vuelva a llover. Con la lluvia, las semillas empiezan a crecer y a florecer.

Las plantas obtienen agua de muchas maneras. Algunas usan sus largas raíces para sacar agua de la profundidad del suelo. Otras plantas pueden almacenar agua en sus tallos y en sus hojas.

Un *cactus* se llena de
agua cuando llueve.
Se va adelgazando
mientras vuelve a llover.

Sus *espinas* son filosas. Impiden que algunos animales le roben el agua.

Muchos animales del desierto
no necesitan beber agua.
Obtienen el agua de las
plantas y los animales que
se comen.

Los camellos pueden soportar mucho tiempo sin nada de beber. Las ratas canguro se pueden pasar la vida entera sin beber agua.

En el desierto, uno puede hallar un *oasis*. El agua debajo de un oasis se encuentra cerca de la superficie del suelo. Aquí crecen más plantas verdes. En algunos desiertos, la gente vive cerca de un oasis.

En los desiertos hace mucho calor. Durante el día, los animales se esconden de los rayos del sol. Por la noche, el aire es más fresco. Los animales pueden salir a comer.

Para protegerse del sol, las ardillas se meten en *madrigueras* dentro de la tierra.

Los lagartos y las serpientes se
esconden debajo de las rocas.
Los animales más grandes,
como los linces rojos, buscan
la sombra de las cuevas.

En el desierto hay algunos cazadores peligrosos. Las serpientes y arañas se deslizan por la arena. Los halcones vuelan por lo alto en busca de ratas.

Los *escorpiones* matan a su presa con los aguijones filosos de su cola.

Tal vez creas que un día soleado es divertido. Pero en el desierto, los animales tienen que luchar para sobrevivir. ¡Es más probable que prefieras vivir en un lugar donde sea fácil tomarte un vaso de agua!

Vocabulario avanzado

adaptado Que ha cambiado para que la vida sea más fácil.

cactus Planta espinosa que crece en el desierto y almacena agua.

dunas Colinas de arena formadas por el viento.

escorpiones Animales con ocho patas y una larga cola que termina en un aguijón.

espinas Las puntas finas y filosas que salen de un cactus.

madriguera Hoyos subterráneos que cavan los animales.

mesetas Montañas de cimas planas.

oasis Lugar del desierto donde hay mucha agua y crecen plantas.

presa Animal o insecto que otro animal mata para comer.

Índice

Los números en **negrita** corresponden a páginas con ilustraciones.

With thanks to Nanci Vargus, Ed.D., and Beth Walker Gambro, reading consultants

Marshall Cavendish Benchmark
99 White Plains Road
Tarrytown, New York 10591-9001
www.marshallcavendish.us

Library of Congress Cataloging-in-Publication Data

Rau, Dana Meachen, 1971–
[Deserts. Spanish]
Los desiertos / de Dana Meachen Rau.
p. cm. – (Bookworms. Maravillas de la naturaleza)
Includes index.
ISBN 978-0-7614-2806-0 (spanish edition) – ISBN 978-0-7614-2667-7 (english edition)
1. Desert ecology–Juvenile literature. 2. Deserts–Juvenile literature.
I. Title.
QH541.5.D4R3818 2007
577.54–dc22
2007012447

Spanish Translation and Text Composition by
Victory Productions, Inc.

Photo Research by Anne Burns Images

Cover Photo by *Corbis*/Kazuyoshi Nomachi

The photographs in this book are used with permission and through the courtesy of:
Peter Arnold: pp. 1, 13 Kevin Schafer; p. 2 Erez Herrnstadt; p. 5 BIOS/Ruoso Cyril; p. 10 Ullstein-Caro;
p. 14 BIOS/Delfino Dominque; p. 17 Fritz Polking; p. 18 Jacken Tack. *Corbis*: p. 4 Sergio Pitamitz;
p. 7 George H.H. Huey; p. 8 John Garrett; pp. 11, 27 Frans Lemmens/zefa; p. 16 Layne Kennedy;
p. 19 Joe McDonald; p. 21 Gallo Images/Sharna Balfour; p. 22 Peter Johnson; p. 25 Jonathan Blair;
p. 26 Michael & Patricia Fogden; p. 29 Sandra Seckinger/zefa. *Photo Researchers*: p. 24 Gerald C. Kelley.

Printed in Malaysia
1 3 5 6 4 2